◆印は不明確な年号、ころの意味です。

| 文化 | 世界の動き | 西暦 |
|---|---|---|
| | | 1330 |
| 1334 南禅寺を五山第一とする | | |
| 1339 北畠親房『神皇正統記』 西芳寺庭園できる | 1338 イギリス・フランス＝百年戦争 | |
| 1371 ◆『太平記』 | 1368 明、中国を統一 | |
| 1375 ◆足利義満、世阿弥の猿楽能を見る | 1370 チムール帝国、成立 | |
| 1398 足利義満、金閣をつくる | 1392 李氏朝鮮おこる | |
| 1400 ◆世阿弥『風姿花伝』 | 1429 ジャンヌ・ダルク、オルレアンの包囲を解く | 1400 |
| 1424 世阿弥『花鏡』 | | |
| 1434 世阿弥、佐渡に流される | | |
| 1439 上杉憲実、足利学校を修造 | 1431 ジャンヌ・ダルク、処刑される | |
| 1469 雪舟、帰国 | 1455 イギリス＝ばら戦争 | |
| 1486 雪舟『山水長巻』 | | |
| 1489 足利義政、銀閣をつくる | 1492 コロンブス、アメリカ大陸発見 | |
| 1495 宗祇『新撰菟玖波集』 | | |
| | 1517 ルター、宗教改革運動 | 1500 |
| 1549 ザビエル、鹿児島に上陸しキリスト教の布教はじめる | 1519 マゼラン、世界周航へ出発 | |
| 1562 大村純忠、肥前に教会を建立 | 1558 エリザベス１世即位 | |
| | | 1570 |

# 目　次

| | | |
|---|---|---|
| **足利尊氏** | 文・有吉忠行<br>絵・木村正志 | 6 |
| **一　休** | 文・浜　祥子<br>絵・鮎川　万 | 20 |
| **雪　舟** | 文・浜　祥子<br>絵・鮎川　万 | 34 |

| | | |
|---|---|---|
| 足利義満 | 文 有吉忠行　絵 福田トシオ | 48 |
| 世阿弥 | 文 有吉忠行　絵 福田トシオ | 50 |
| 宗　祇 | 文 有吉忠行　絵 福田トシオ | 52 |
| 足利義政 | 文 有吉忠行　絵 福田トシオ | 54 |
| 斎藤道三 | 文 有吉忠行　絵 福田トシオ | 56 |
| 毛利元就 | 文 大塚夏生　絵 福田トシオ | 58 |
| ザビエル | 文 有吉忠行　絵 福田トシオ | 60 |
| 読書の手びき | 文 子ども文化研究所 | 62 |

せかい伝記図書館 23

# 足利尊氏
# 一　休
# 雪　舟

いずみ書房

> # 足利尊氏
> あしかがたかうじ
>
> （1305—1358）
>
> 北条氏をたおし、天皇にそむき、戦いに明け暮れて室町幕府をきずきあげた関東の武将。

## ●少年時代に知った先祖の遺言

　源頼朝によって開かれた鎌倉幕府は、1333年に、およそ150年の歴史をのこして終わりをつげ、その3年ごには京都の室町に新しい幕府がおこって、室町時代が始まりました。この室町時代のことを、足利時代ともいいます。足利氏によって武家政治が進められたからです。
　足利尊氏は、この室町幕府をきずきあげて、初代の室町幕府将軍となった武将です。
　足利氏は、もともとは源氏です。八幡太郎の名で知られる源義家の血すじをひき、下野国（栃木県）足利の豪族として栄えてきたことから、足利氏を名のるようになりました。
　尊氏は、義家の10代めの子孫として生まれ、初めの名を又太郎といいました。父の足利貞氏は、幕府の政治

権力をにぎる執権職の北条氏につかえ、幕府のなかでは大きな力をもった豪族でした。
　又太郎が、10歳をすぎたころのことです。ある日、父から、家に伝わるひみつをつげられました。
「足利家には、八幡太郎義家どのの遺言状が伝わっている。それには、義家どのは7代めの子孫にもう1度生まれかわって天下をとる、としるされているのだ。ところが、7代めにあたった家時どのは、その遺言を果たすことができず、こののち3代のうちに天下とりの願いを果たさせたまえと八幡宮に祈って、自害してしまわれた」
　父の口からもれたのは、こんなことでした。家時は又

太郎の祖父にあたる人ですから、家時のいいのこした3代めは、又太郎ということになります。
「父は、わたしに、先祖のこころざしをついで天下をとってくれ、と伝えられたのだ。わたしには、そんな大きな使命があったのか……」
天下をとって源氏をふたたびおこすためには、いま父がつかえている鎌倉幕府をたおさねばならない日も、かならずきます。父の話を聞いた又太郎は、使命の大きさに、からだをふるわせました。

### ●新しい政権をねらって幕府にむほん

又太郎は、成人になる元服式で名を高氏と改めました。そして、1331年に父が亡くなると、26歳で、足利家のあとを継ぎ、早くもその年のうちに、幕府軍の将として初めて大きな戦いに出陣しました。
京都の後醍醐天皇が、朝廷の権力をもり返すために、ひそかに鎌倉幕府を討つくわだてをたてていることが幕府に伝わり、高氏は、幕府の執権北条高時の命令で京都へ兵を進めたのです。このとき、くわだてがもれたことを知った天皇は、攻めてくる幕府軍をおそれて都の南にある笠置山ににげのびていました。また、天皇に味方をする楠木正成が、河内国（大阪府）の赤坂城にたてこもっ

て、幕府の軍をまちかまえていました。
「楠木正成はてごわい。兵糧攻めにして城をおとせ」
　正成は戦のじょうずな武将です。高氏は、城に食べものがなくなるまでまって赤坂城をおとし、武名を高めて鎌倉へひき返しました。このとき幕府は、笠置山からにげだしたところを捕えた後醍醐天皇を、出雲国（島根県）の沖に浮かぶ隠岐島へ島流しにしました。
　およそ１年半ののち高氏は、ふたたび北条高時から、兵をあげることを命じられました。後醍醐天皇が隠岐島をぬけだし、楠木正成をはじめおおくの豪族を味方につけて、またも幕府をたおすために準備を始めたからです。

このとき病気がちだった高氏は、出陣にあまり気がすすみませんでした。それにもういちど後醍醐天皇と争うことも、気のりがしませんでした。北条高時の時代になって鎌倉幕府の政治がみだれ、幕府の力も人気もおとろえはじめていることを、高氏は見ぬいていたのです。
「おれには、天下をとる使命がある。いつまでも、北条氏のいいなりになって、たまるものか」
　出陣をしぶる高氏の気持ちの一部には、幕府へのむほんの心が、もうはっきり芽をだしていました。
　1333年3月、高氏は、2000をこえる兵をひきいて鎌倉を出発しました。めざすは、天皇の軍がまちかまえている伯耆国（鳥取県）のはずです。
　ところが、東海道を西へ進んで、やがて都に近い丹波国（京都府）の篠村まできたとき、高氏は、篠村八幡宮の前で馬をおりました。そして、とりだした源氏の白旗をひるがえすと、神前で、源氏をふたたびおこすちかいをたてて、兵にむかってさけびました。
「敵は天皇ではない。われわれが討つのは鎌倉幕府だ」
　高氏は、鎌倉をでてまもなく天皇へひみつの使者を送り、天皇に味方することを約束したうえに、逆に「幕府を討て」という命をこっそりもらっていたのです。そして、北条氏に不満をもつようになっていた全国の豪族に

も使いを走らせて、いっしょに立ちあがるさそいかけも、すませていました。

### ●天皇中心の政治に不満

　京都の六波羅には、鎌倉幕府の武士の力で都をおさめるために、幕府の大きな館がきずかれていました。高氏が、伯耆国へむかうのをやめ、源氏の白旗をおしたてて攻めかかったのは、この六波羅です。

　高氏の軍は、都の入り口にまちかまえていた幕府の軍をうちやぶり、またたくまに六波羅の館をとりかこみました。しかし、このとき高氏は、夜になると、わざとか

こみの一部をあけて、幕府の兵をにがしてやったということです。今は敵でも同じ鎌倉の武士たちだと思うと、殺してしまう気にはならなかったからに、ちがいありません。高氏は、ほんの数日で六波羅の館を手に入れ、都を支配するようになりました。

いっぽう、同じころ関東では、やはり源氏の流れをひく上野国（群馬県）の新田義貞が立ちあがり、越後国（新潟県）や甲斐国（山梨県）などの豪族と力をあわせて、鎌倉幕府をほろぼしてしまいました。

「ついに鎌倉はたおれた。よし、これで天下がとれる」

1333年の5月、北条高時が一族とともに自害して果てたことを都で知った高氏は、父から天下とりの使命をつげられたときのことを思いだして、さらに、勇気をふるいたたせました。

やがて、後醍醐天皇が京の都へもどり、つぎの年には年号が建武と改められて、新しい政治が始まりました。のちに「建武の新政」とよばれるようになった、天皇中心の政治です。このとき高氏は、鎌倉幕府を討った功績によって、朝廷から従三位という高い位に任じられました。また、天皇の名を1字もらって、高氏を尊氏と名のるようになりました。

ところが、新政が始まってまだ1年もたたないころか

ら、尊氏の心に、不満がくすぶりはじめました。
　天皇は、尊氏には高い位をあたえても、武士たちを朝廷の政治に近づけようとはしません。天皇が心配するのは皇族や貴族のことばかりです。幕府を討つのに力をつくしたおおくの武士は、ほうびらしいものさえもらえません。尊氏がもらった土地も、都から遠くはなれています。そのうえ、新しい宮殿を建てる費用の負担を命じられるのは、武士たちばかりでした。
「鎌倉幕府をうちたおしたのは、源氏の力で新しい幕府を開きたかったからだ」
　このように考えていた尊氏に、不満がつのったのはと

うぜんです。同じような不満をいだく武士たちの心をにぎった尊氏は、武士の力で政治をおこなう準備を急ぎました。

## ●1度は九州へのがれて京へ

1335年、尊氏は、朝廷へ矢をむけるようになってしまいました。

そのころ尊氏は、弟の足利直義に、北条高時を討ったあとの鎌倉を守らせていましたが、1335年7月、高時の子の時行が鎌倉に攻めこんできました。

京都でこのことを知った尊氏は、北条氏の生き残りの武士を討つ決心をして、天皇にたのみました。

「すぐ鎌倉へむかいます。わたしを征夷大将軍に任命してください」

しかし、このねがいは聞き入れてもらえませんでした。征夷大将軍は、これまで幕府の支配者などにあたえられてきた、武士の最高の位です。後醍醐天皇がこの位を尊氏にあたえなかったのは、尊氏が大きな権力をもつようになることを、おそれたのでしょう。

尊氏は、北条氏を討つ命令ももらわないまま、自分で征東将軍と名のって兵を進め、時行にせんりょうされていた鎌倉をうばい返しました。

　このとき天皇から、すぐ都へもどれという命令がとどきました。ところが尊氏は「都では、新田義貞らが、われわれを討つ計画を進めているかもしれない。京都にもどらず、この鎌倉で新しい政権を開いたほうがよい」という直義の考えにさんせいして、京都へ帰ろうとはしませんでした。
　すると、朝廷は、新田義貞を大将にして、尊氏を討つ軍を鎌倉へむけてきました。
　「義貞の軍と戦えば、天皇の敵になってしまう。しかし、新しい武家政治のためには、しかたがない」
　尊氏は、心を決めました。そして、新田義貞の軍を箱

根でやぶり、にげる義貞を追って都へ入りました。

　ところが、京都をせんりょうできたのは、わずか半月たらずです。力をもり返した義貞の軍や、天皇の命をうけた北畠顕家らの軍にやぶれ、こんどは自分が都を追われて、遠く九州へのがれなければなりませんでした。

「このままにはしない。かならず都へもどってみせる」

　九州で東の空をあおぐ尊氏の胸には、まだ、あかあかともえるような熱気がたちこめていました。

　尊氏が兵をあげたのは、それから数か月ごです。船に源氏の白旗をなびかせて、瀬戸内海を東へ……。

　摂津国（兵庫県）の湊川には、天皇に命じられた楠木正成、新田義貞の軍がまちうけていましたが、九州、四国、中国の武士を味方につけた尊氏には、もう、こわいものはありません。

「一気にふみつぶして、都へかけのぼるのだ」

　弟の直義と力をあわせた尊氏は、正成を自害させ、義貞を追いちらして、堤防をきった大水のようないきおいで、京都へなだれこみました。身の危険を感じた後醍醐天皇は、比叡山へのがれていました。

● ついに室町幕府を開く

　1336年8月、尊氏は、後醍醐天皇とはべつに、後伏

見天皇の第2皇子を光明天皇にたてました。新しい武家政権をおこすためにも、国じゅうの武士をしたがわせるためにも、自分には天皇にしたがう心があることを、はっきりしめしておく必要があったからです。

「わたしは、天皇にそむこうとしたのではありません。天皇のそばで権力をにぎろうとする新田氏らを討てば、それでよかったのです」

比叡山へ使いをさしむけて、後醍醐天皇の帰京もねがいでました。ところが、天皇は1度は帰京したものの、2か月ごには大和国（奈良県）の吉野へ移って、光明天皇よりも自分のほうが正しい天皇だと宣言しました。京

都の朝廷（北朝）に対して吉野の朝廷（南朝）が生まれ、ここに、そのご50数年つづく南北朝時代が始まりました。
「鎌倉は都から遠い。この京都に新しい幕府を開こう」
尊氏は、ついに、自分の力で幕府をおこしました。室町幕府です。そして、2年ごの1338年には、北朝から征夷大将軍の位をもらって、父から命じられていた天下とりの夢を果たしました。戦いから戦いに明け暮れた尊氏は、このとき34歳でした。

征夷大将軍となったつぎの年、後醍醐天皇が亡くなりました。天皇の死を耳にした尊氏は、声をあげて泣きました。尊氏の名をもらった恩がありながら、天皇につくすことがないままに終わったことが、きっと深くくやまれたのでしょう。1345年には、京都に天龍寺を建てて、天皇のめいふくを祈りました。

そのごの尊氏には、まだまだ、戦いがつづきました。室町幕府を栄えさせていくことは、血を流して幕府をつくりあげたこと以上に、たいへんなことだったのです。47歳になった年には、長いあいだいっしょに戦ってきたというのに、南朝に味方するようになった弟の直義までも、殺さねばなりませんでした。

戦いに明け暮れながら、いっぽうでは仏教を深く信仰した尊氏は、背中にできたはれものがもとで、53歳の

生涯を終えました。室町幕府をうちたてるために、すべてをささげた一生でした。

天龍寺を建てた禅僧の夢窓疎石は、尊氏の人がらについて、つぎのように言い残しています。

「どんなに危険な戦いのときにも笑いを忘れない、心の強い武将であった。また、戦いの場をはなれると人をにくまず、あわれみの心が深かった。そのうえ、自分ひとりのための欲はなく、金銀でも武具でも馬でも、惜しみなく人にあたえた」

室町幕府は、1573年に足利義昭が織田信長に京を追われるまで、およそ240年にわたってつづきました。

# 一休
## （1394—1481）

形式と権威をきらい、庶民を友とし、心のむくまま超然と生きぬいた室町時代の禅の名僧。

　日本には、名僧といわれるりっぱな坊さんがたくさんいます。いまから600年ほど前に生まれた一休もそのひとりです。きびしい修行のなかから、さとりをひらいて、民衆の心を救い、大勢の貧しい人たちに慕われました。
　有名な『一休のとんち話』は、京都の安国寺の小僧時代、周建とよばれていたころのエピソードがもとになっていますが、大半はずっと後の世になって作られたものです。一休はそれほど知恵とユーモアに富んだ人気者だったのでしょう。

●安国寺のいたずらっ子

「周建、きいたかい？」
「おしょうさんは、夜になると、こっそり水あめをなめているそうだよ」
「茶色いつぼに入っているんだって」

「ずるいなぁ。おしょうさんばっかり」
　小僧たちは、いちどでいいから、自分たちもあまい水あめを、なめてみたいとしきりに思いました。
　ある真夜中のことです。周建が便所にいくと、おしょうさんのへやにあかりがついています。そっと足音をしのばせて近づき障子のすきまからのぞいてみますと———。
（あ、なめてる！水あめにちがいない）
「だ、だれじゃ、そこにいるのは」
　見つかってしまったからには、しかたがありません。
　周建は、しずかに障子をあけました。おしょうさんはあわてて茶色いつぼを、たもとのかげにかくしました。

「おしょうさん、今なめてたのは、水あめでしょう？」
「なに、こ、これは、薬じゃ。年をとるとからだのあちこちが痛んでのう。それをなおす薬なのじゃよ」
「じゃ、わたしにも、すこしなめさせてください」
「いやいや、それはだめだ。強い薬だから、子どもがなめると死んでしまう」
（そんな薬なんて、あるはずがないのに）
　周建は、しぶしぶへやにもどっていきました。

## ●とんちでおしょうさんをまかす

　それから何日かして、朝から、おしょうさんは村に出かけていきました。るすのあいだ、小僧たちは大さわぎ。ほうきをふりまわして「勝負、勝負」とやりあったり、広い本堂をかけまわって、おにごっこです。
　ガチャーン！
　なにか割れる音がしたかと思うと、さわぎがぱったり止み、やがて、大きな泣き声が聞こえてきました。
「しかられる……、おしょうさんにしかられる……。たいせつな、すずりを割ってしまった……」
　割れたすずりをまんなかに、みんなだまってつっ立っています。まっ青になって、ふるえている子もいます。
「いいこと思いついたよ。ぼくにまかせて」

　そういって、にっこり笑ったのは周建でした。
　夕方になって、おしょうさんが寺にもどってくると、どうでしょう。小僧たちは茶色いつぼをとりかこみ、指ですくってはなかのものをなめています。こんなおいしいものがこの世にあるなんて信じられないといった顔つきです。もう、つぼのそこが見え出してきました。
「やや、何をしておる、おまえたちは！」
　割れたすずりと茶色いつぼを見て、おしょうさんは、びっくりしてしまいました。おどろきと怒りで、顔ばかりでなく、頭のてっぺんまでまっ赤です。
　そのとき、周建がすすみでると、おしょうさんの前に

両手をついていいました。

「おしょうさんのたいせつなすずりを割ってしまいました。死んでおわびをしようと思って、みんなでつぼの薬をなめているのですが、いっこうに死なないのです」

もっとなめようとする小僧たちを、おしょうさんは、あわててとめました。

「わかった、わかった。わしが悪かった。これは薬じゃない。水あめだ。死にはしない。すずりのことは、もうよいから、さ、へやにもどりなさい」

「わーい」

小僧たちは、口びるについた水あめをなめまわしながら、走って本堂を出ていきました。

（周建に一本やられたわい。なんと知恵のはたらく子じゃろう。将来が楽しみなことじゃ……）

● 出生のひみつ

周建、いやこれからは、なじみの深い一休とよびましょう。一休の生まれる少しまえまで、朝廷は南朝と北朝にわかれ、長いあいだ争いがつづいていました。

やっと内乱が終わり、北朝の天皇だった後小松帝の御代になりました。そして２年目、後小松天皇の子として生まれたのが一休です。母は南朝すじの人だったために

　宮中を追われ、一休は、京の民家でひっそりと誕生しました。5歳そこそこで安国寺にあずけられたのは、血なまぐさい政治争いのなかに、まきこまれぬようにとの、母のせつない願いがあったのでしょう。
　一休は坊さんの修行をつむかたわら、漢詩もならいました。その上達ぶりは大変なもので、14歳のときに作った『春衣宿花』という詩は、たちまち評判になり、京の町の人びとが、はやり歌のように口ずさんだほどです。
　そのころ、京の寺で大きな儀式があり、町のあちこちから、坊さんがたくさん集まりました。ごうかな法衣を身にまとい、見るからに裕福そうな坊さんたちが座敷で

話をしています。
「ほほう、藤原の血をひいておられるのですか。それは将来が約束されたようなものですね。わたしどもも、将軍家とは遠いながら親せきにあたりますので……」
「それなら安心していてよいでしょう。お坊さんの世界で出世するには、やはり家がらですからね」
そばで、聞くともなしに聞いていた一休は、とつぜん両手で耳をおさえると、へやをとび出していきました。
「ああいやだ。くさりきっている。仏につかえる身だというのになんということだ」
まわりの坊さんたちは、まったくわけがわからないというようすで、顔を見合わせています。
（出家したときから、家がらとか、身分とか、お金からは、きっぱり縁を切ったはずではないか。そんなもの、仏の前では無に等しい。くだらないことだ）
このときから、一休の心に、強い決意が芽ばえました。
（坊さんとしての道を選んだからには、自分ひとりの幸せなど問題にせず、世の人のためにつくそう。もっともっときびしい修行をつんで身も心もきたえよう）
一休は、安国寺を出る決心をしました。
とんちでおしょうさんをやっつけた茶目っ気のある顔は、いつしか、すっかりおとなびていました。

● ほんとうの修行がはじまる

　一休がたずねた西金寺は、安国寺とはくらべものにならないそまつな寺でした。立派な安国寺を捨て、一休はどうしてこんな小さな古寺の門をたたいたのでしょう。

　それには、わけがありました。

　そのころ、禅宗の寺は、大きくふたつにわかれていました。ひとつは、足利幕府の保護のもとにあった「五山派」とよばれる寺でらです。幕府によって選ばれた、家がらのよい学識の高いおしょうさんが寺の住職になります。そのため、皇室や公家、将軍家の子弟が、学問教養

を身につけるために、次つぎ入門しました。そして、美術や文学を楽しむぜいたくなくらしをしていたのです。

そういう「五山派」の禅寺のあり方を間違っていると批判する坊さんたちもいました。きらびやかな「五山派」の陰で、こつこつと地味な修行をかさね、貧しい生活のなかで、禅のほんとうの道をあゆんでいたのが、もうひとつの派「林下」の禅寺です。

天皇の血をひく一休は「五山派」の安国寺にあずけられました。しかし、成長するにつれて、お金や物にばかり心をうばわれ自分の楽しみを中心に生活している「五山派」に、だんだんいや気がさしてきたのです。

安国寺を去り、「林下」の西金寺に謙翁おしょうをたずねたとき、一休は16歳でした。

西金寺では、おしょうさんとふたりっきりです。一休がやらなければならない仕事はたくさんありました。そうじ、水くみ、まき割り、風呂たき、洗濯、飯たき、畑仕事。これらは、読経や座禅と同じくらいたいせつな修行です。謙翁おしょうは「できるだけ物をもたずに身のまわりは質素に徹しなさい」と教えました。

今をときめく天皇の御子が、京のわびしい寺で、汗にまみれて畑仕事をしていることを、いく人のひとが知っていたでしょう。

　心の清らかな、正義感の強い一休を、謙翁は我が子のように愛し「宗純」という名を与えています。「宗」の文字は、大徳寺の代だいの住職につく位の高い名前です。
　一休が西金寺にきて5年め、病気がちだった謙翁が亡くなりました。あまりにも貧しい暮らしだったので、葬儀さえ満足におこなえなかったほどです。
　尊敬する師を失って、一休はぼうぜんとして、あてもなく寺を出ていきました。

●さらにきびしさを求めて

　それからおよそ1年の月日が流れました。

ここは琵琶湖のほとり堅田という町にある禅興庵というそまつな寺院です。すきま風の吹きすさぶ部屋で、一心に薬草をきざんでいる墨染の衣の若い僧がいました。
　ほうちょうを握る手はあかぎれで血がにじんでいます。
　しかし、若い僧の顔は、少しもつらそうには見えません。むしろ、喜びにあふれた顔つきをしています。
　（寒さや痛さなんか、ちっとも苦しくはない。人間として生きる目あてのない苦しみにくらべれば……）
　はたちを過ぎて、すっかりおとなになった一休でした。
　1年前、西金寺を出てから、あちこちさまよったすえに、禅興庵に華叟おしょうをたずねました。亡くなった謙翁がいつも「日本一きびしい禅師だ」といっていたことを思い出したからです。華叟禅師は位の高い大徳寺のおしょうです。しかし、都の大きな寺での生活がいやで湖のほとりの庵にひっそりと暮らしていました。
　一休は、たずねた華叟禅師に弟子入りを断られると、まったく生きるのぞみを失ってしまいました。一時は琵琶湖に身を投げて死んでしまいたいと思ったくらいです。
　（あのとき、死なないでよかった。死んだつもりになって、門前に座りつづけたから、華叟さまの許しが得られたのだ。死ぬことは逃げることで、解決にはならない）
　きざんだ薬草は袋につめて売りにいきます。ここも西

金寺に劣らぬ貧しさです。托鉢といって、家の門口に立ち米やお金をもらい歩くことも、たいせつな修行でした。
　華叟おしょうのもとでの修行がきびしければきびしいほど、一休はそれに耐えぬく楽しみを覚えていきました。
　波しずかな琵琶湖に舟をうかべて、月の光をあびながら座禅をするのが一休はことにすきでした。そうしていると、木の梢から１枚１枚葉が落ちていくように「よく見られたい」とか「いい暮らしがしたい」とか「えらくなりたい」という思いが消えていくのです。すっと、心が軽くなって、とてもいい気持ちです。まるで空のカラスのように、宙に浮かんだような大らかな気分です。

「それが悟りというものじゃ。仏の心に近づいたのじゃ。もう、わしの教えることは何もない。修行の終了した証書を与えよう」

「ありがとうございます、おしょうさま。でも、わたしは証書はいりません。まだまだ修行は終わってない、いえ、これからずっと生きている限りつづくのですから」

さすがの華叟も、一休の真剣な姿勢に胸うたれました。一休は、もう立派な坊さんです。

評判は京の町にもとどき、いくつかの寺から、おしょうさんとして招かれていました。

しかし、病の床にふしてしまった華叟の看病のために、禅興庵に残りました。修行の証書を与えられるほどの禅僧になっていながら、心をこめて恩師の看病にあたり下の世話までする一休を見て、まわりの人びとは、どんな説教よりも心動かされました。

「一休」というのは、華叟が与えた名前です。「ひとやすみ」とも読める、なかなかおもしろ味のある名です。

## ●旅から旅への生涯

一休は87年の生涯を通じて、大寺に1度も安住しませんでした。人生の大半を旅で過ごし、いつも、しいたげられた人びとの味方となって人間の正しい生き方を説

いて歩きました。わけへだてをしない、あたたかい人がらが愛され「一休さん、一休さん」と親しまれました。

　80歳のとき、大徳寺住持というたいへん名誉な位を天皇から下されますが、大徳寺にも長くとどまることはありませんでした。

　権力者や不正なやり方をする人たちにむかっては、ようしゃなくものをいったので「変わり者」とか「狂人」と批難されることもありました。それだけに、うそのない人生を送った日本の名僧といえます。「とんちの一休さん」は、禅師一休のほんの一部分にすぎません。ほんとうは、もっともっと自分にきびしい人でした。

# 雪舟
## (1420—1506)

中国の自然に学び、絵画ひとすじに生きて日本の水墨画を完成させた、室町時代の画僧。

## ●絵のすきな小僧さん

雪舟の本名は、小田等楊といいます。

1420年（応永27年）、備中国に生まれました。いまの岡山県です。

生まれた村の近くに、宝福寺という寺があり、幼少のころ、そこにあずけられ、小僧の修行を始めました。

雪舟は、たいへん絵のすきな子どもでした。

お経を読むひまをぬすんでは、絵ばかりかいているので、ときどき、おしょうさんにしかられます。

「お経をしっかり読みなさい。修行をつまないと、りっぱな坊さんになれませんぞ」

「はい、おしょうさん」

しかし、すきな絵をやめるわけにはいきません。ひとりでに手が動いてしまうのです。机にむかって習字をし

ているときも、いつのまにか、文字が絵になってしまうほどです。

　おしょうさんはとうとう腹をたて、いましめのために雪舟を、本堂の柱にくくりつけてしまいました。
「この手がいかんのだな。しばらくこうしていなさい」
　はじめのうち、雪舟は歯をくいしばってがまんしていました。そのうち、だんだん日が暮れて、おなかもすいてきました。雪舟は、きゅうに悲しくなり、ぽたぽたと大つぶのなみだをこぼしはじめました。
　夕方になって、なわをといてやろうと、おしょうさんが本堂にやってくると、雪舟が、しんけんな顔つきで、

足のつま先を動かしてなにかしています。

　おしょうさんは、うしろから、そっと近づいてみました。ネズミです。雪舟の足もとに1匹のネズミがいたのです。それは生きたネズミではなく、床にかいたネズミでした。雪舟が、足の指で、こぼれたなみだでかいたネズミだったのです。

「うーむ。みごとじゃ……」

　おしょうさんは、考えこんでしまいました。

　その日いらい、雪舟が絵をかいても、おしょうさんはけっしてとがめなかったということです。

### ●相国寺へ

　雪舟が成長するにつれて、おしょうさんは、なかなかみどころのある若者だと思うようになりました。

「どうだ、京都へ出て、本気で勉強してみないか。京都はなんといっても日本の都だ。新しい知識に、じかにふれることができる。相国寺には、りっぱな絵の先生がいるし、おまえには、うってつけだと思うが……」

　父親のように雪舟のめんどうをみてくれた宝福寺のおしょうさんと別れ、はるばる京都の相国寺にむけて出発したのは、雪舟が、12歳ころのことでした。

　相国寺は、足利将軍がたいせつにしている禅宗の大き

な寺です。

　この寺には、周文というたいへんすばらしい絵かきの坊さんがいました。周文と、周文の先生である如拙は、そのころの日本では、もっともすぐれた絵かきとして名高い人でした。

　周文とのめぐりあいによって、雪舟は画家としての一歩をふみ出すことになるのです。相国寺に入ったことが雪舟の一生の方向をきめたといえるでしょう。

●宋元画の修行

　日本には、大和絵とよばれる日本どくとくの絵があり

ます。線がやわらかで、描写はこまかく、美しくいろどられた大和絵は、いかにも女性的です。これまでに『源氏物語絵巻』など、たくさんの絵まきが、大和絵でかかれてきました。

　周文のかく絵は、大和絵ではありません。中国から伝わってきた、墨一色でかく宋元画です。宋元画には美しいいろどりはなく、墨色の濃さと薄さで、ふんい気やかき手の気持ちをあらわすのです。大和絵とくらべれば、宋元画は男性的といえるかもしれません。

　周文の力強い絵を見てからというもの、雪舟はすっかり、宋元画のとりこになってしまいました。

　雪舟は、相国寺にある中国の名画をみて、それをそっくりうつす勉強をしました。そして、ときどき周文になおしてもらいます。

　禅僧の修行のあいまをぬって、絵の勉強も、5年、10年とつづき、雪舟の絵は見ちがえるほど上達していきました。

　あるとき、周文が雪舟にいいました。
「おまえのたいへんな上達ぶりに、わしは内心おどろいている。修行しだいでは、わしなどより、ずっとりっぱな絵かきになれるだろう」
　雪舟は、はずかしさとうれしさで、顔がまっ赤になり

ました。日本一といわれる絵師、周文にほめられたのですから、言葉ではとても表現できないくらい大きな感動だったのです。
「ただ、いっておきたいのは、若いうちに才能をみとめられると、つい、いい気になって勉強をおこたりがちになる。そして、せっかくの才能をだめにしてしまうものだ。くれぐれも気をつけるように。芸術というものは、はてしがない。もう、これでいいというところはないんだよ。いつも、とちゅうだと思ってはげむことだね」
「はい」
「この年まで、ずっと絵をかきつづけてきたわしだが、

これぞと思った絵など1枚とてありはしない。かけばかくほど、修行のたりないところがわかってきていやになるくらいだ……」

雪舟は周文の言葉にむねうたれました。

（先生のあとをりっぱに継げる宋元画をかきたい！）

## ●世のなかは変わっても

雪舟が京都にきてから、25年の月日がたちました。

そのころ、日本のあちこちに、盛んにいくさが起こり、世のなかがさわがしくなっていました。

周文が亡くなって、相国寺をきりまわすひとが変わり、寺のようすも、まるで一変してしまいました。

雪舟は、世のなかがさわがしくなればなるほど絵の勉強にうちこみ、禅僧としての修行にも熱をいれました。40歳をすぎるころから、雪舟の名（そのころの名は、まだ小田等楊でした）は広く知られるようになりました。しかし、雪舟はけっして自分の勉強に満足することはありませんでした。「いつも、とちゅうだ」という周文の言葉が、雪舟のむねに生きつづけていたのです。

「宋元画の生まれた中国に渡って、本格的に墨絵を学んでみたいものだ」

雪舟は、いつしかそう思うようになりました。

## ●雲谷寺の先生

　周防（山口県）のとのさまの大内氏から、絵の先生として雪舟が招かれたのは、それからまもなくでした。
　周防は、いくさもなく落ちついた町です。大内氏は、町でいちばんながめのいい雲谷に、雪舟のためにいおりをたててくれました。いおりは雲谷寺とよばれ、絵を学びたいという人がほうぼうから集まってきました。
「雲谷寺の先生は、日本一だ」
　周防の人びとは、こういって雪舟をしたいました。
　自然にひたり、あたたかい心にむかえられて、雪舟は

初めて落ちついた暮らしを味わいました。もちろん絵も、思うぞんぶんかくことができました。

雪舟は雲谷寺がとても気に入っていました。それは、そのころ雅号として「雲谷」という名を用いていたことからもわかります。

## ●めぐってきた幸運

雪舟のしずかな、平和な生活とはうらはらに、京都では「応仁の乱」とよばれる大きないくさが起こっていました。

「相国寺はどうしたろうか。周文先生の絵はだいじょうぶだろうか……」

その戦乱のさなかに、中国にむかって数せきの貿易船が出帆しました。その船団のなかに、周防の大名の大内船も入っています。

幸運にも、大内船に乗って中国につかいにいくやくめが、雪舟にあてられました。雪舟が喜んだのはいうまでもありません。そのとき、雪舟は47歳でした。

## ●中国大陸へ

そのころ中国を治めていたのは、明という国です。そのまえは、宋とか元とかいう国が勢力をふるっており、

　その時代に流行した水墨画が「宋元画」として日本に入ってきたのです。
　「宋元画のふるさとである中国には、きっとすぐれた絵かきがたくさんいるにちがいない。できるだけおおくの人に会って、いろんなことをおそわってきたい」
　雪舟は、意欲に燃えていました。
　雪舟はすぐれた画家ですが、禅宗の坊さんでもあります。そこで、ぶじ中国に上陸すると、まず天童寺という禅寺に、禅の勉強にいきました。ここは名高い寺なので国じゅうから、おおぜいの坊さんが修行に集まっていました。雪舟はわずかなあいだでしたが、いっしょうけん

めい禅の勉強をしましたので、たちまち「天童寺第一座」という地位をあたえられました。天童寺でいちばんの成績というしるしです。

　雪舟は、それがよほどうれしかったのか、そののち、自分のかいた絵や詩の最後に「天童寺第一座　雪舟」とかきそえています。

●中国の墨絵

　天童寺を出てから、雪舟は、むさぼるように絵を見て歩きました。いい絵があると聞けば、どんなに山奥の寺にでも出かけて行きました。気に入れば、たんねんにかきうつし、筆使いを学びました。

　この旅で、なによりも雪舟を喜ばせたのは、中国の自然そのものです。日本のけしきとちがって、山はけわしくそそりたち、湖も川も谷も雄大です。

　雪舟は、まわりのけしきに感動し、それを写生しながら、墨絵が中国に生まれたわけがわかるような気がしました。

「この雄大なけしきを知らずに、ただまねごとで中国の墨絵をかいていた自分がはずかしい。けしきそのものをよく見るということがどんなにたいせつなことか……。まだまだ、修行がたりない……」

　いつのまにか、周文の口ぐせが雪舟の口ぐせになっていました。

## ●ふたたび周防へ

　中国での３年間は、またたくまに過ぎました。
　知りあった大ぜいの画家や詩人たちと別れをおしみながら、雪舟は、なつかしい日本に帰ってきました。
　周防では、とのさまが盛大な歓迎の宴をひらいてくれました。大内氏はたいへんなごきげんです。
「北京の寺のかべに、りっぱな絵をかいて、あちらの人びとをあっといわせたそうではないか」

「はい……」

「天童寺第一座になられたそうじゃな。ごくろうであった。周防は鼻が高いわい。ほうびをつかわしたいが、なにがよいかのう。申してみよ」

雪舟は、しばらく考えていましたが、しずかに、しかしはっきりと、こういいました。

「いただけますならば……おいとまを……。しばらく旅に出たいと思いますので」

とのさまは、さびしそうな顔をしてこたえました。

「とめるわけにはいかぬだろう。しかたがない。しかし雲谷寺はそのままにしておくから、気が変わったらいつでももどってくるがよい」

「ありがとうございます」

大内氏のやさしい心を思うと、雪舟のむねはいたみました。しかし、周防の雲谷寺にこもっていてはだめなのです。中国でしっかり受けとめてきた宋元画を、日本のものとして築きあげるためには、日本のけしきをくまなく見て歩く必要があるのです。

●はてなき旅

雪舟の旅は、九州の別府から始まりました。
60歳のときには、弟子の秋月をつれて京都を訪れます

が、都は戦火ですっかり荒れはて、かつての相国寺はあとかたもなく、一面のかれ草が横たわっているだけでした。鎌倉や東国の寺でらに友をたずね歩き、ふたたび周防の雲谷寺にもどってきた雪舟は67歳になっていました。

　大内氏が雪舟のためにたててくれた新しい画室で雪舟は『四季山水図』という、すばらしい作品をかきあげています。

　雪舟は86歳でなくなりましたが、その4年まえに『天橋立図』という大作を残しています。墨絵が日本の風景のなかで息づき、日本水墨画として確立されるまでに、雪舟は86年の生涯をかけたのでした。

# 足利義満 (1358—1408)

 京都の名所のひとつに、金色に輝く金閣があります。足利義満は、この金閣を建てた、室町幕府の第3代将軍です。
 室町幕府を開いた足利尊氏の孫として生まれた義満は、父の義詮のあとをついで、わずか10歳で将軍となり、初めは、幕府最高職の管領をつとめる細川頼之の助けをかりて、政治を進めました。とくに、幕府の力を強めることと、財政を豊かにすることに努力しました。誕生して30年しかたっていない室町幕府は、まだ、しっかりしたものになっていなかったからです。
 将軍になって10年ご、自分の力で政治を動かしていくことを決心した義満は、京都の室町に大きな屋敷を建てました。広い庭には四季の花が咲きみだれ、人びとは「花の御所」とよんだということです。
 義満は、まず、幕府の威力を示して全国を統一するために、諸国をめぐりました。そして、幕府内で義満に不満をもつ関東の足利氏満、山陰で反抗をつづける山名氏清などをおさえ、国じゅうの武士を支配する夢をなしとげていきました。
 つぎには、1336年いらい南朝（吉野）と北朝（京都）のふたつになっていた朝廷を、ひとつにまとめることに力をつくしました。祖父の尊氏が室町幕府をおこしたときに始まった朝廷の分れつは、幕府を1日も早く安定させるのにさしさわりがあったからです。義満は、南朝と北朝が交代で天皇をつとめることを提案して、1392年に、南北統一のねがいを果たしました。
 1394年、36歳の義満は将軍職を息子の義持にゆずり、自分は公家の最高官位の太政大臣の位につきました。天下をおさ

めるために、武家と公家の両方を支配する権力を自分のものにすることを、のぞんだのです。

京都の北山に金閣を建てたのは、1397年のことです。1階を公家風の寝殿造、2階を武家風の書院造、3階を禅宗風の仏殿とした金閣には、武家、公家のほか社寺までも支配しようとした義満の気持ちが、よく表れているといわれています。

そのごの義満は、天皇と同じようなふるまいをして、権力の大きさを誇り、金閣を建ててからおよそ10年のちに、金閣のようにはなやかな生涯を、50歳で終えました。もう少し長く生きたら、ほんとうに天皇の位にまであがったかもしれません。

義満は、権力をふるういっぽう、明（中国）との貿易をさかんにしました。また、ぜいたくな生活を楽しみながら、猿楽、連歌、茶の湯、絵画などの文化をたいせつにしました。この時代の文化を、金閣の地名から名づけて北山文化とよびます。

# 世阿弥 (1363—1443)

　日本に古代から伝わってきた芸能のひとつに、猿楽とよばれるものがありました。こっけいな、物まね、曲芸、おどりなどを中心にした芸です。神社や寺の祭り、貴族の集まりなどで、人びとを楽しませるためにおこなわれてきました。

　世阿弥は、この猿楽に、奥深い歌や舞いや劇をとり入れて、能楽とよばれる新しい芸術をつくりあげた人です。猿楽を演じる観世座という一座をおこし、のちに能楽観世流の祖とあおがれるようになった能役者観阿弥の子として生まれ、幼いころから、父のきびしい教えをうけて成長しました。

　12歳になったころ、世阿弥の能役者としての道が、大きく開かれました。猿楽に舞いをくわえた猿楽能を、室町幕府の第3代将軍足利義満の前で父といっしょに演じて、義満にかわいがられるようになったのです。観阿弥、世阿弥の芸がすばらしかっただけではなく、美少年だった世阿弥のすがたが、このとき16、7歳の義満の心をとらえたのだろう、といわれています。そののちの世阿弥は、祭りや歌の会などにも義満にまねかれ、貴族と交わる生活を楽しむようになりました。

　しかし、自分の芸をみがくことは、けっして忘れませんでした。能の道に生きることを、しっかり心に決めていたからです。

　世阿弥は21歳のころ父が亡くなると観世座のかしらをひきつぎました。そして、観世座をさらに発展させるいっぽう、能とはなにか、能の歴史、能を演じるものの心がまえを説いた『風姿花伝』などの本をまとめ、亡き父をのりこえて、能の芸術を深くきわめていきました。

　とくにきびしく追いもとめたのは、平凡で静かな動きのなかに深い味わいをだす、幽玄の世界です。人びとに目と耳で楽しませてきた猿楽を、心で感動させる芸へ高めようとしたのです。自分の筆で数おおくの能の名作を書き、また、能芸術論『至花道』『花鏡』などもつぎつぎに発表して、能楽の花を大きく開かせていきました。

　ところが、義満が亡くなったあと、やがて第6代将軍義教の世になると、義教につめたくあつかわれ、思いがけない悲運におそわれました。観世座のかしらの地位をうばわれただけではありません。1434年には、わけもわからないうちに佐渡へ流されてしまいました。そして、数年ごに京へもどってからも消息のわからないまま、およそ80年の生涯を終えてしまいました。

　晩年の世阿弥は不幸でした。しかし、世阿弥の心はいつまでも生きつづけ、能は日本の伝統芸能へと発展しました。

# 宗祇 (1421—1502)

　日本で生まれた歌の一種に、連歌とよばれるものがあります。ふたり以上の人が、まえの人の句につづけて、次から次へ句をよみつらねていく歌です。別の名で「続き歌」ともよばれ、平安時代のころ生まれたと伝えられています。
　宗祇は、この続き歌を、さらに大きく育て広めた、室町時代の連歌師です。生まれたところは、近江（滋賀県）とも紀伊（和歌山県）ともいわれています。幼いころのことはわかりません。若いうちに京都へのぼって禅宗の僧となり、30歳になったころから、連歌師への道を進みはじめました。
「こころざしを立てたのが、人よりも10年以上もおそかった。人の2倍も3倍も努力をしなければ」
　宗祇は、何人もの師のもとへかよって、連歌だけではなく、和歌も、日本の古い文学も、漢詩も、さらに日本の国づくりのころから伝わる神のことなども学びました。連歌の心をきわめるには、深い教養と広い知識を身につけることが、たいせつだと考えたからです。そして、学問のかたわら歌をよみつづけて10年の歳月が流れたころには、連歌師宗祇の名は、貴族のあいだにも武士のあいだにも知られるようになっていました。
　宗祇が46歳になった年に「応仁の乱」がおこり、京都の室町幕府を中心に諸国の武士が2つに分かれて、11年におよぶ争いがつづきました。長い争いに、京の都は、焼け野原に荒れ果てたということです。
　宗祇は、このとき、京都と関東のあいだを何度も行き来しました。信濃（長野県）や越後（新潟県）や美濃（岐阜県）など

へも足をはこびました。また、争いが終わってからも、周防（山口県）や筑前（福岡県）へ、さらに越後へと、旅をつづけました。宗祇がつくりだす連歌の美しさがしたわれ、また、宗祇の学問の深さが尊敬され、争いで心が荒れた地方の大名や豪族たちに、師としてむかえられたのです。都をはなれた旅の空の下では、町人や農民たちにも、連歌の楽しみを教え広めました。

いっぽう京都では、幕府の将軍や貴族の連歌会にまねかれて歌の心を説き、将軍には『源氏物語』など日本の古典の講義もおこない、さらに『新撰菟玖波集』などの句集もまとめました。

奥ぶかく上品で美しい連歌を愛し、文学を愛し、旅を愛した宗祇は、80歳をすぎて旅にでた途中、箱根（神奈川県）湯本の宿屋で、谷をわたる風に耳をかたむけながら、清らかな歌人の生涯を終えました。のちの俳人芭蕉は、この宗祇の心をしたって、句を旅のなかに求めるようになったのだということです。

# 足利義政 (1436—1490)

　足利義政は、室町幕府の第8代将軍です。父義教は殺され、父のあとをついだ兄義勝は病死して、義政は、わずか13歳で将軍になりました。しかし、幕府の実権をにぎっていたのは、細川勝元、山名持豊らの守護大名でした。そのうえ、ききんがつづいて農民たちの一揆がおこり、世は乱れていました。

　義政は、自分の思いどおりの政治ができないばかりか、農民や貧しい人びとの借金を取り消す徳政令をなん度もだして、世の中の経済をみだしてしまいました。農民たちのことを考えたからではありません。義政は意志が弱く、農民たちの強い訴えにいつも負けたのです。そして、妻にむかえた日野富子や富子の兄の日野勝光までが、政治に口だしするようになると、将軍義政の存在は、ますます影のうすいものになっていきました。

「勝元に助けさせて、弟の義視をつぎの将軍にしてしまおう」

　やがて義政は、のんびりした気ままな暮らしを求めて、将軍職を弟にゆずる決心をしました。

　ところが、義視に将軍の位をゆずる約束をしたよく年、富子が、義政の子義尚を生みました。母親が、わが子を将軍にしようとねがうのはとうぜんです。富子は、持豊をうしろだてにして義尚をたて、義視をしりぞけようとしました。すると、ほかの守護大名たちも、自分の立場を有利にすることだけを考え、勝元がわと持豊がわに分かれて、対立するようになりました。

　1467年、将軍の座をめぐる争いは、細川氏と山名氏の勢力争いもからんで、京都を中心に、日本じゅうを戦乱のうずにまきこみました。これが、11年にもおよぶ応仁の乱の起こりです。

　義視をたてた義政は、勝元がわにつきました。でも、戦乱のようすを、ただ、ながめているばかりでした。つぎの将軍のことなど、どうでもよかったのかもしれません。
　戦乱が始まって6年ご、義政は、義視との約束をやぶって義尚に将軍職をゆずり、趣味の世界へ心をよせていきました。そして、争いがおさまると、長い戦で京都の町は焼け野原になったというのに、東山に山荘を建てることを計画しました。1階を書院造風の住宅、2階を禅宗様式の仏堂とした銀閣です。
　政治に無力だった義政は、幕府の権威をおとしました。しかし、のちの世に大きなものを残しました。義政の力が中心になって栄えた建築、生け花、茶の湯、連歌、能楽などの文化です。いまはこれを、銀閣の地名から東山文化とよんでいます。
　晩年を文化人として生きた義政は、54歳で亡くなりましたが、このとき、夢にえがいた銀閣は、まだ完成していませんでした。

# 斎藤道三 (1494—1556)

　美濃(岐阜県)稲葉山の城下に「一文銭の油売り」とよばれる若い商人が、人気を集めていました。
　油を売るとき、客がさしだした壺の口に一文銭をあて、一文銭のまん中にあいている小さな穴を通して、油をそそいでみせます。少し高いところから油をそそいでも、一文銭の穴のまわりをぬらすことはありません。人びとは、このみごとな油そそぎのわざを楽しみに、われもわれもと油を買いにきました。
　この男こそ、のちに美濃の支配者となった斎藤道三です。道三というのは、美濃支配の望みを果たしてからの名です。幼いころの名は、峰丸といいました。
　峰丸は、10歳をすぎたころ、わが子を出世させたい父の考えで、京都の寺にあずけられ、法蓮坊と名のりました。学問を身につけていく力は、おどろくほどだったということです。
　ところが、修行なかばで美濃へまいもどってしまいました。たとえ僧でも家がらがよくなければ出世できないことに怒って、寺をとびだしたのだといわれています。油商人の娘とむすばれ、名を庄五郎と改めて油売りをはじめたのは、このときです。
　しかし、まもなく、一文銭の油売りのみごとさを武士にほめられたことから、自分も武士をこころざし、27、8歳のころには油売りをやめて、武芸にはげむようになりました。そして、やりのけいこをはじめたと思うと、一文銭の穴にやりを突き通してみせるほどに上達して、またも人びとをおどろかせました。
　やがて庄五郎は、美濃国を支配する守護大名土岐氏の家臣長井長弘にみとめられて、ついに、武士になりました。出世をの

ぞんでいた庄五郎の胸に、戦国大名への夢がもえはじめたのはとうぜんです。やりの名人とたたえられるようになった「一文銭の油売り」は、力で人を征服する武士の道を、まっしぐらに進んでいきました。

　1542年、48歳のときに、とうとう、美濃国を手に入れてしまいました。西村勘九郎利政、長井新九郎利政、斎藤新九郎利政と名をかえながら、自分の出世のために、自分がつかえた主君をつぎつぎに討って、野望を果たしたのです。

　稲葉山城の城主となると、頭をまるめて道三と名のり、こんどは身のまわりをかためるために、自分の娘を織田信長にとつがせました。でも、道三の運命も、これまででした。

　最後の敵となったのは、しかも、わが子の義龍です。あとつぎ問題から親子で争い、長良川ふきんでの戦いに敗れて首をはねられてしまいました。いかにも戦国の武将らしい生涯でした。

# 毛利元就（1497—1571）

　毛利元就は、今から約500年前に、安芸国（広島県）で生まれました。父の弘元は郡山城主でした。
　4歳で母を亡くし、9歳で父を失い、少年時代の元就は、城主の子とはいっても、たいへん不幸でした。そして、父のあとをついだ兄も、さらにそのあとをつぐはずだった兄の子も、つぎつぎに亡くなり、元就はいつのまにか、毛利家のあとをつぐことになっていました。
　元就は、26歳で、郡山城の城主になりました。しかし、このころの毛利氏はまだ力が弱く、そのうえ、周防・長門（山口県）の大内氏、出雲（島根県）の尼子氏にはさまれ、いつも、敵の侵略におびえていなければなりませんでした。
　孤立していてはきけんです。元就は、初めは尼子氏に従い、のちには、長男の隆元を人質に送って大内氏と手をむすびました。また、次男の元春を吉川氏の、3男の隆景を小早川氏の養子にして、しだいに安芸全体に力をのばしていきました。
　1551年、大内義隆が陶晴賢の反逆によって討たれ、大内氏は滅んでしまいました。晴賢は、義隆に仕えていた武将です。4年ご、元就は晴賢を討つ兵をあげました。これが厳島（広島県）の戦いです。このとき58歳の元就は、あらしの夜、わずか3000の兵で、せまい厳島へさそいだしたおよそ2万の敵を討ち、晴賢を自害させてしまいました。
　元就は、こうして周防を手に入れ、さらに備中（岡山県）備後（広島県）にも兵をだし、69歳のときには、4年にもわたる戦いののち尼子氏を討ち滅ぼして、ついに中国地方7か国を

おさめる戦国大名になりました。
「1本の矢はかんたんに折れる。しかし3本たばねた矢は、なかなか折れるものではない。おまえたち3人もひとつになれ。兄弟が力をあわせれば、毛利家が滅びることはない」

　これは、元就が、自分の死が近づいたとき、家をつがせる隆元、それに元春、隆景の3人の子をよびよせ、3本の矢をしめして語ったと伝えられる話です。しかし、たとえこの話が伝説でも、元就が、毛利家が栄えるために、一族のものみんなに強い団結をさとしつづけたことは事実のようです。

　元就は、74歳で亡くなるまでに220回をこえる合戦をしたといわれ、ほとんど戦いに明け暮れる生涯でした。ところが、和歌をよみ、連歌もつくりました。歌集さえ残しています。元就がたった一代で大きな大名になることができたのは、心に、歌を愛するほどのゆとりをもっていたからかもしれません。

# ザビエル（1506—1552）

　1549年の夏、日本にはじめてキリスト教を伝えるために、鹿児島にスペインの宣教師が上陸しました。43歳の、フランシスコ・ザビエルです。

　鹿児島の領主島津貴久のゆるしをもらったザビエルは、福昌寺という寺の境内で、キリスト教の教えを説きはじめました。しかし、キリスト教の伝道が、貴久に大歓迎されたのではありませんでした。ザビエルを領地にとどめておけば、やがて鹿児島の港に外国の貿易船が現れるようになり、鉄砲や火薬を手に入れることができる、という貴久の考えに、半ばは利用されたのです。でも、数か月のうちには、100人ほどの人びとが、キリスト教を信仰するようになりました。

　ところが、1年ご、鹿児島をにげださなければなりませんでした。仏教の僧や信者たちから、はげしく反対されるようになってしまったのです。

　「日本じゅうにキリスト教を広めるために、天皇のゆるしをもらおう」と考えたザビエルは、肥前（長崎県）筑前（福岡県）周防（山口県）などで伝道をつづけながら、京都へむかいました。

　しかし、望みを果たすことはできませんでした。天皇は、武士の力におさえられて、権威を失っていたからです。

　ザビエルは、しかたなく西へ下りました。この京都までの往復の旅は、とても口では表せないほど苦しいものでした。キリスト教を口にすれば石を投げられ、賛美歌をうたえば道を追われたということです。

　そのごのザビエルは、周防、豊後（大分県）の領主にゆるさ

れて伝道をつづけました。でも、思うようにキリスト教を広めることはできず、わずか2年で、日本を去らなければなりませんでした。そして、日本をはなれたつぎの年、中国への伝道にむかう途中に、46歳の生涯を閉じてしまいました。

ザビエルが亡くなる約20年まえから、ヨーロッパでは、カトリック教会の教えや規律がみだれ、べつの教会（プロテスタント）をおこす人びとも現われて、新しいキリスト教を広めるための宗教改革がはじまっていました。

フランスとスペインとの国ざかいにナバラ王国（1512年にスペインにほろぼされた）に生まれたザビエルは、この宗教改革の最中に大学に学んでカトリック教徒として生きるようになり、やがて伝道の使命をになって日本へ渡ってきたのです。

ザビエルが、生涯のうちに伝道して歩いた道のりは、8万キロメートルをこえるといわれています。

# 「読書の手びき」

## 足利尊氏

足利尊氏は、戦前の歴史教育のなかでは逆臣としてあつかわれてきました。そして、湊川の戦いで尊氏に敗れた楠木正成は、忠臣の見本としてたたえられてきました。尊氏は天皇にそむき、正成は天皇に忠誠をつくしたからです。しかし、現代の評価はちがいます。天皇中心につくりあげられていた史観が崩壊してしまったからです。このことは、歴史は、為政者によって作為が加えられることがあることを物語るものです。だから、歴史も歴史上の人物も、表面だけでとらえることは、つつしまなければいけません。尊氏は、たしかに、天皇に矢を向けました。でも、天皇個人をにくんだのではありません。貴族に頭をさげるのをこばんで、自分の力で新しい武家政権をうちたてたかっただけのことです。鎌倉幕府にしても、室町幕府にしても、江戸幕府にしても、幕府誕生の根源を明確におさえない限り、その時代の武将を正しく評価することは、むずかしいのではないでしょうか。

## 一休

一休は、禅宗の僧です。座禅によって悟りをひらこうとする禅宗は、6世紀の初めにインドの僧の菩提達磨が中国へ伝え、日本へは鎌倉時代の初めに栄西（臨済宗）と道元（曹洞宗）によってもたらされ、武家社会を中心に普及しました。ところが、室町幕府で足利氏が専横をきわめるようになったころには、禅僧たちは官位の高い貴族や武士の権力に追従して、修行や布教よりも自己の出世をむさぼるようになっていました。一休宗純は、こうした禅宗の腐敗に心を痛めて、奇行や狂詩で、人びとをいましめました。寺にいて口先だけで経文を説くよりも、自分の身を世にさらして、人生の無常を民衆に悟らせようとしたのです。奇行も狂詩も、禅僧としてのきびしい修行に裏うちされたものであったことは、とうぜんです。